AF186943

Paul Leopold Haffner

Wie machen wir's, dass wir kommen in Abrahams Schoß?

Neue Briefe an Graf Harry von Arnim

Paul Leopold Haffner

Wie machen wir's, dass wir kommen in Abrahams Schoß?
Neue Briefe an Graf Harry von Arnim

ISBN/EAN: 9783743606807

Hergestellt in Europa, USA, Kanada, Australien, Japan

Cover: Foto ©ninafisch / pixelio.de

Weitere Bücher finden Sie auf **www.hansebooks.com**

Wie machen wir's,
dass wir kommen in Abrahams Schooss?

an

Graf Harry von Arnim

von

Minranov.

Frankfurt a. M.
Verlag von Albert Foesser.
Buchhandlung für Wissenschaft und Kunst.
1879.

Inhalt.

Erster Brief.

Wie machen wir's?

Hochgeborener Herr Graf!

Eine zweifache Categorie von Zuschriften hat Ew. Excellenz bewogen, dem theoretischen Essay des Dilettanten einen praktischen Commentar nachfolgen zu lassen. Wer wollte darüber sich verwundern? Es bedurfte nur eines geringen Grades von Menschenkenntniss, um in der Seele des Dilettanten die stimmungsvollen Worte zu lesen:

Ich bin zu jung, um ohne Wunsch zu sein,
Zu alt, um nur zu spielen.

Die Wünsche Ew. Excellenz hat uns der Schatten des Nuntius verrathen. Nun versetzt uns die Frage: Quid faciamus nos? in die Mitte der ernsten That. Vielleicht haben Ew. Excellenz die Güte, uns noch einen dritten Essay zu liefern, welcher das Spiel zu Ende führt. Alle antiken Tragiker haben Trilogien geschrieben. Warum nicht auch Sie, Herr Graf? der Sie ja in der That eine ebenso tragische als antike Gestalt sind.

1

Doch lassen wir die Zukunft. Ihr eben erschienener
Essay wäre ein Meisterwerk, wenn er auch nichts als den
Titel enthalten würde: Quid faciamus nos? Womit könnten
Ew. Excellenz die ganze Situation treffender zeichnen, als
indem Sie den unsterblichen Capuziner in Wallenstein's
Lager travestiren? Dudeldumdei! Das geht ja hoch her. Bin auch
dabei! Mit dieser trefflichen captatio benevolentiae hat sich
der Dilettant eingeführt und dann die herrliche Busspredigt
über den Culturkampf gehalten, welche nicht bloss mein
weiches Gemüth unerschöpflich ausprach, sondern selbst
Herzen von Stein nicht unerweicht lassen konnte.

Dass nunmehr der zweite praktische Theil der Capu-
zinade mit den feierlichen Worten: Quid faciamus nos? be-
ginnt — Wie machen wir's, dass wir kommen in Abrahams Schooss? — das ist nicht bloss ganz in der Ordnung,
sondern geradezu ästhetisch nothwendig; selbst wenn auch
die zahlreichen Zuschriften, von welchen Ew. Excellenz
sprechen, nicht gekommen wären. Ja, aufrichtig gestanden,
wenn ich in der Lage gewesen wäre, in dieser Sache einen
Rath zu ertheilen, so hätte ich in den mehrerwähnten
Zuschriften eher einen Grund gefunden, die Fortsetzung der
Predigt zu widerrathen.

Ich finde beide Categorien dieser Zuschriften unartig.
Wie kann man an Graf Arnim das Verlangen stellen, zu
sagen, auf welchem Wege die Auseinandersetzung mit Rom
möglich gewesen wäre, ohne in den Culturkampf zu verfallen? Hat er denn nicht deutlich gesagt, dass es möglich, und dass sein Name Arnim sei? Das musste doch
für jeden anständigen Menschen genug sein; und wer

etwa noch etwas mehr zu wissen wünschte, brauchte nur zu warten, bis der Botschafter a. D. wieder in Berlin erschienen war, um die Präsidentschaft des Ministeriums zu übernehmen oder gar — — doch stille! Noch unartiger finde ich die zweite Categorie von Zuschriften, welche von Ew. Excellenz verlangen, anzuerkennen, dass es theils sinnlos, theils ruchlos gewesen sei, einen Streit mit der römischen Kirche zu beginnen. Wie kann man Graf Arnim zu einem solchen Urtheil provociren? Sinnlos, — ruchlos sollte ein Streit sein, welchen Fürst Bismarck und sein getreuer Roland begann? Das zu sagen ist doch eine gar zu plumpe und Angesichts der bekannten lithographirten Liebesbriefe geradezu boshafte Zumuthung.

Um so feiner ist aber auch die Wendung, mit welcher Ew. Excellenz dieser Zumuthung ausweichen. Sie sagen mit einigen zarten Anspielungen an die letzten preussischen Kriege:

»Der Gegensatz zwischen Papst und Kaiser ist nothwendig, historisch — ja vielleicht für die Menschheit im Allgemeinen, sehr förderlich. — Aber dass sie von Zeit zu Zeit aufeinanderstossen, ist unvermeidlich. — Der unmittelbare Anlass mag bedeutend oder unbedeutend erscheinen.

Ich kann mich daher nicht davon überzeugen, dass es dem »Kaiser« möglich war, eine Auseinandersetzung mit dem »Papst« zu vermeiden. Das heisst, alle die Principien, als deren Träger der Kaiser erscheint, mussten nach 1870 mit den päpstlichen Privilegien zusammenstossen. —

Die Frage kann daher nur sein, ob es nicht möglich gewesen wäre, bei diesem Zusammenstoss der beiden Locomotiven, welche die Völker hinter sich herziehen, die Zertrümmerung der Züge zu vermeiden.« Die Fülle der Gedanken, welche hier ausgesprochen werden, ist ebenso gross, als die Ausdrucksweise laconisch ist. Man könnte Bände schreiben über jeden Ihrer einsilbigen Sätze: über die geschichts-philosophische Würdigung des Gegensatzes zwischen Papst und Kaiser, wie über die Behauptungen der Nothwendigkeit des Zusammenstosses der Principien, als deren Träger der Kaiser »erscheint«, mit den päpstlichen Privilegien. Aber das kann meine Absicht nicht sein; umsoweniger als meine ganze Aufmerksamkeit sich auf das Kunststück richtet: »bei dem Zusammenstoss der beiden Locomotiven, welche die Völker hinter sich herziehen, die Zertrümmerung der Züge zu vermeiden.« Wenn dieses in Wirklichkeit gelingen würde, welche Beruhigung für das eisenbahnfahrende Publicum! und nebenbei auch für die Völker Europa's, denen seit dem grauen Alterthum von steifen Schulmeistern der Satz eingetrichtert wurde: Quidquid delirant reges, plectuntur Achivi! Gott sei Dank! Graf Arnim hat das Mittel gefunden, welches möglich macht, dass sogar Kaiser und Päpste — durch ungeschickte Signalisten oder Weichenwärter verleitet — zusammenstossen ohne Gefahr für die nachfolgenden Züge. Warum hat dieses Genie 1870 nicht als Führer oder wenigstens als Heizer oder Bremser auf der Maschine der deutschen Reichs-Bahn gestanden? Ein namenloses Eisenbahnunglück wäre 15 Millionen deutschen Bürgern, verehrungswürdigen Klosterfrauen, hochverdienten Priestern und Ordensmännern erspart geblieben.

Darum schnell, Herr Graf, quid faciamus nos? Wie machen wir's, dass die Züge nicht zertrümmert werden, wenn die Locomotiven zusammenstossen oder vielmehr, da sie unterdessen wirklich zertrümmert sind und mit ihren Ruinen die Weiterfahrt hemmen, wie machen wir's, dass wir aus dem Zusammenstoss herauskommen? heraus in Abrahams Schooss! wir mit dem deutschen Volk in den Schooss des Friedens und Ew. Excellenz in den Schooss der Wilhelmsstrasse! —

. Quid faciamus nos? Ew. Excellenz stellen die Frage ebenso präcis, wie der unsterbliche Capuziner. Doch scheint der letztere, oder sein Autor, der phantasievolle Schiller, etwas bibelfester gewesen zu sein. Es heisst Luc. 3, 14 nicht faciamus nos, sondern faciemus et nos. Auch harmonirt die Bildung eines Botschafters des 19. Jahrhunderts nicht ganz mit der naiven, derben und ebendarum klaren Sprache seines Collegen in Wallenstein's Lager.

Statt frei zu sagen, welche Maassregeln heute in Preussen zur Anwendung kommen müssten, um dem unglücklichen, mitten in seiner Höhe dem tiefsten Zerfall nahe gekommenen Lande den Frieden wiederzugeben, lassen Sie sich auf eine Kritik der Vorschläge ein, welche Herr Reichensperger vor drei Jahren gemacht hatte (S. 3—9), dann kommen Sie auf Ihre schon von dem Dilettanten verherrlichte Wirksamkeit in dem Vorzimmer des vaticanischen Concils zurück (9—10), um dann endlich Ihrer genialen kirchen-politischen Conception in einem formidabeln Gesetzesentwurf Haut, Fleisch und Bein zu geben.

Dieser dreifachen Arbeit zu folgen, werde ich mir umsomehr zum Vergnügen machen, als sie im Wesentlichen ganz der Eintheilung der Schiller'schen Capuzinerpredigt entspricht. Die freundliche Conversation, welche ich mit Ew. Excellenz weiterzuführen den Vorzug habe, kann meines Erachtens an Reiz nur gewinnen, wenn ich mit der eleganten Sprache des Diplomaten die körnigen Worte des Volkspredigers zusammenklingen lasse. In dieser angenehmen Hoffnung empfehle ich mich Ihrem unverwüstlichen Wohlwollen und verbleibe

Ew. Excellenz

ergebenster

. . . . . Minranov.

Zweiter Brief.

Neminem concutiatis,
Wenn ihr Niemanden schindet und plackt.

~~~~~~~~~

Hochgeborener Herr Graf!

Die kritischen Bemerkungen, mit welchen Ew. Excellenz die Friedensvorschläge des Herrn Reichensperger beehren, sind in mehrfacher Hinsicht interessant. Sie verrathen ein tiefes Unbehagen über die Missgriffe, deren sich die preussische Staatskunst in dem Culturkampf schuldig machte; zugleich aber auch ein unerschöpfliches Vorurtheil und eine unüberwindliche Antipathie gegen die katholische Kirche. Ich weiss nicht, in welchem Umfang die letztere Stimmung in der preussischen Diplomatie sich findet. Das aber weiss ich, dass, so lange sie leitend ist, nothwendig immer dieselben Missgriffe gemacht werden müssen, die heute beklagt werden.

Herr Reichensperger hatte als ersten Weg zum Frieden den Abschluss eines neuen Concordates vorgeschlagen. Diesen Gedanken verwerfen Ew. Excellenz, ohne auch nur ein Wort

darüber zu verlieren, und fügen bei, er werde nicht bloss von
staatlicher Seite, sondern auch von vielen Katholiken zurück-
gewiesen; auch der Reichskanzler, so glauben Sie, habe irgend
etwas der Art nicht im Sinne. Was der Reichskanzler heute im Sinne hat, weiss ich
nicht. Wenn er aber mit dem Nuntius und später mit dem
hl. Stuhl Verhandlungen einleitete, so muss er doch wohl
ein Concordat oder eine Convention oder einen modus vivendi
in Aussicht genommen haben. Und ich wüsste auch überhaupt nicht, was denn dagegen einzuwenden wäre, wenn
die preussische Regierung mit dem Oberhaupt der katholischen
Kirche sich über die gegenseitigen Beziehungen verständigte.
Dass die Staatssouveränität eine solche Verständigung nicht
zulasse, dass sie vielmehr eine einseitige absolute Gesetz-
gebung über die Kirche fordere, ist eine Phrase, welche man
billig den Professoren und Studenten überlassen kann. So
wenig die Souveränität des preussischen Königs durch die
Mühle von Saussouci verletzt wurde, ebensowenig kann sie
durch die katholische Kirche verletzt werden. Und so wenig
es heute noch Sr. Majestät unwürdig ist, mit einem Guts-
besitzer einen Kaufvertrag abzuschliessen, so wenig kann
seine Souveränität durch ein Concordat mit dem Papste oder
eine Convention mit dem Bischof Schaden leiden. Was Schaden
leidet, ist nur die windige Theorie, derzufolge der Staat (der
König oder das Volk) die Quelle alles Rechtes sei und darum
innerhalb seines Gebietes kein fremdes Recht, also auch kein
Rechtssubject anerkennen dürfe, mit dem er Verträge schliesst.
Diese Theorie wird allerdings durch das Concordat zerstört;
aber ich glaube nicht, dass Ew. Excellenz von dem Standpunkte
dieser Theorie die Möglichkeit eines Concordates verwerfen.

Der Grund, weshalb Sie kein Concordat wollen, ist derselbe, aus welchem Sie auch die beiden anderen Wege zum Frieden verwerfen, welche Herr Reichensperger vorschlägt. Ew. Excellenz sagen, die Rückkehr zu dem Status quo sei unmöglich geworden durch die päpstliche Invasion, welche die tausendjährige hierarchische Verfassung der Kirche umgestaltet habe. Ueber die absolute Unwahrheit dieser Erdichtung habe ich mich bereits ausführlich mit Ihnen unterhalten und werde ich in dem nächsten Brief noch Weiteres bemerken.

Sofort muss ich mir aber erlauben, die boshafte Andeutung zu charakterisiren, welche Sie mit den Worten machen: »Bis heute wissen wir aber noch nicht einmal, was die mystischen Worte »ex cathedra« bedeuten. Wir wissen auch nicht, welche Fragen in den Kreis der »Moral« fallen, über welche der Papst unfehlbarer Richter geworden ist. — Kann er zum Beispiel die Soldaten Sr. Majestät ihres Eides entbinden, wenn der Kaiser etwa zu dem Entschluss kommen sollte, den Franzosen in den Rücken zu fallen, um sie an einem Feldzuge zu Gunsten der weltlichen Macht zu verhindern? — Mir scheint, dass der Papst sehr Unrecht haben würde, sich dieses Mittels nicht zu bedienen, wenn er glaubt, es mit Erfolg thun zu können.«

Was Ew. Excellenz hier zu wissen wünschen und gleichzeitig zu wissen behaupten, hat mit der angeblichen päpstlichen Invasion, d. h. mit der Unfehlbarkeit des Papstes absolut nichts zu thun. Dass der Fahneneid gleich jedem anderen Eid Niemanden verpflichtet, zu einer unsittlichen Handlung mitzuwirken, dass es überhaupt keinen unbedingten Gehorsam gibt, ist ein Elementarsatz jeder Moral, welcher hoffentlich auch von Botschaftern nicht bestritten wird. Es bedürfte darum durchaus keiner päpstlichen Weisung oder »Entbindung«, um den katholischen Soldaten zu sagen, wie sie sich einem Feldzug gegenüber zu verhalten haben, dessen Zweck ihnen als ein unsittlicher oder ungerechter erscheinen würde.

Andererseits wäre der Papst gleich allen Bischöfen und Priestern ohne Zweifel vermöge des ihnen übertragenen Lehr- und Hirtenamtes befugt und verpflichtet, wofern ihm dieses nothwendig oder nützlich erscheinen sollte, den Soldaten dieses oder jenes Landes eine Ermahnung und Belehrung zu ertheilen.

Diese Belehrung könnte aber, wie hoch auch ihr Ansehen sein mag, niemals den Charakter der Unfehlbarkeit haben, da solche sich ihrer Natur nach nur auf die Lehre des Glaubens und der Sitten, also auf Principien, nicht auf Thatsachen bezieht. Die Entscheidung, welche der Papst über einzelne Handlungen gibt, sind ebensowenig unfehlbar als die Entscheidung, welche irgend ein Priester im Beichtstuhl seinen Beichtkindern gibt.

Das, Excellenz, sind die Grundsätze der katholischen Moral in Sachen des Fahneneides und des Eides überhaupt.

Welche Anwendung dieselben auf den von Ihnen in Aussicht genommenen Feldzugsplan finden werden, kann ich nach den vorerst ganz unbestimmten Andeutungen, welche Ew. Excellenz über denselben zu geben die Gnade haben, nicht entscheiden. Es kommt da sehr viel auf die Umstände an. Die politische Combination ist übrigens nicht der Art, dass es Zeit wäre, sich schon jetzt darüber ein Urtheil zu fällen. Gambetta hat keinem seiner Vertrauten, nicht einmal den 250 Handlungsreisenden gegenüber, bis jetzt die Absicht ausgesprochen, die päpstliche Herrschaft wiederherzustellen. Und auch der Reichskanzler hat mir wenigstens nicht zu eröffnen die Gnade gehabt, dass er diesem oder einem anderen Demagogen Frankreichs in den Rücken zu fallen entschlossen sei. Wozu also heute die Sittlichkeit oder Unsittlichkeit einer Handlung erörtern, welche ganz und gar nicht in Frage ist? Es wird genug sein, wenn ich Ew. Excellenz im Namen aller katholischen Soldaten Deutschlands die Versicherung gebe, dass sie die Frage, wozu der Fahneneid sie verpflichtet, auch in diesem Fall aufs gewissenhafteste prüfen würden.

Was den Papst und die katholischen Bischöfe betrifft, so haben Ew. Excellenz ja persönlich wahrzunehmen Gelegenheit gehabt, wie sich dieselben katholischen Soldaten gegenüber zu verhalten pflegen, welche an einem unsittlichen Feldzug theilzunehmen gezwungen werden. Es ist mit Sicherheit zu glauben, dass ein künftiger Papst in dem von Ihnen beabsichtigten Feldzug sich mit ähnlicher Reserve verhalten würde; und selbst das sonst so gewichtige Gutachten Ew. Excellenz, dass er Unrecht thun würde, die Soldaten nicht ihres Fahneneides zu entbinden, würde ihn schwerlich zu einer Maassregel verleiten, welche für die Einzelnen, wie für die öffentliche Ordnung so schwere Folgen hat. Die Päpste, Excellenz, sind nicht bloss vorsichtiger, sondern auch barmherziger, als die Diplomaten, welche sich nur zu oft nicht scheuen, selbst Rebellion und Verrath in ihre Feldzugspläne aufzunehmen, unbekümmert darum, wie schwer der Schaden ist, mit dem sie momentane Vortheile erkaufen. Sie sind aber auch zuverlässiger und correcter, als die Professoren, Press-Lakaien und Redacteure,

welche gewöhnlich bei Beginn der Feldzüge öffentliche
Meinung zu machen berufen sind.

Es ist nicht zu fürchten, dass der Papst oder die
Bischöfe die Ausführung eines gerechten, für Deutschland
wahrhaft heilsamen Feldzugs erschweren, oder den Beginn
eines ungerechten und unheilvollen Krieges hervorrufen.
Dass Professoren und Parteimänner nur allzuoft Beides
gethan haben, lehrt die Geschichte, diesseits wie jenseits
der Grenzen.

Ich weiss, hochgeborener Herr Graf, dass, was ich hier
sage, Ihrer Auffassung oder wenigstens der Darstellung Ihrer
Schrift diametral widerspricht. Das eben ist ja der Grund,
warum Sie die Wiederherstellung der Freiheit der Kirche
in der alten oder in irgend einer neuen Weise nicht zugeben
wollen. Ew. Excellenz haben es sich zur fixen Idee gemacht,
dass der Einfluss des Papstes auf die euro-
päische Politik ein gefährlicher sei, dass er
speciell gegen die preussische Machtstellung sich
richte, dass die Kirche, wenn sie frei sei, natur-
nothwendig gegen den Staat conspirire! Alle Ihre
Ausführungen sind offen und geheim von dieser Idee geleitet.
Darum selbstverständlich kann es keinen Frieden geben;
weder durch Concordat, noch durch irgend welche Art der
Trennung der Gebiete. Ist die katholische Kirche eine
Macht, welche gegen Preussen Krieg führt, das deutsche
Reich zu beschädigen strebt, die bestehende Ordnung des
Staates zu untergraben sich bemüht, dann freilich muss
auch die Politik Preussens der Kirche gegenüber eine Kriegs-
Politik sein.

Es kann sich dann allerdings nur um die Kriegführungsart handeln: ob es dem eigenen Interesse mehr entspreche, den Krieg zu führen mit strenger Verfolgung, durch Geld- und Gefängnissstrafen, Exil und Detention, eventuell mit Todesstrafen: Rädern, Hängen und Spiessen, — oder mit dem System der langsamen Aushungerung und Aussterbung und ähnlicher Liebenswürdigkeit schmerzloser Art.

In dieser Frage haben Ew. Excellenz bekanntlich sich auf die Seite der Milde gestellt und sich hierdurch die An- erkennung aller zarten Seelen erworben. Sie verurtheilen die Anwendung strenger Strafen im Culturkampf, Sie ver- werfen die Ausführung der Maigesetzgebung. Das Princip aber, die falsche Idee, welche diesem Kampf zu Grunde liegt, halten Sie mit ungleich grösserer Schärfe fest, als der Kanzler: die Idee nämlich, dass die katholische Kirche eine Preussen feindliche Macht sei, deren Eindämmung, Ueber- wachung und Unterwerfung nothwendig sei.

Bei dem Kanzler ist diese Idee, wie ich früher zu zeigen versuchte, nur ein untergeordnetes Glied eines poli- tischen Systems. Bei Ihnen, Excellenz, ist sie ein Paroxys- mus, welcher alle Ihre Gedanken beherrscht.

So lange solche Ideen bestehen, so lange man die katholische Kirche als eine feindliche Macht betrachtet, kommen wir niemals in Abrahams Schooss. Darum hat der kluge Pater mit Recht seinen Zuhörern als erste Bedingung die Worte zugerufen:

Neminem concutiatis, wenn ihr Niemanden schindet und plackt!

Wie immer das Schinden und Placken ausgeführt werden mag — ob mit zierlichem Messer und feinen Nadel- spitzen, oder mit Prügel und Schwert — das macht wenig

Unterschied. Der feindliche Sinn, der animus hostilis ist es, welcher die katholische Kirche seit 1870 in Deutschland nicht mehr den Frieden finden lässt.

Wie dieser animus hostilis sich gebildet hat, will ich nicht untersuchen. Gewiss fällt auch auf die Katholiken einige Schuld. Man hat in manchen Blättern in missverständlicher Weise Principien discutirt, welche als solche unzweifelhaft wahr, doch auf die heutige Zeit unvermittelt nicht angewendet werden können, ohne die staatsrechtlich geordneten Verhältnisse zu verwirren. Man hat vielfach die Gerechtigkeit Gottes gepredigt, ohne seine Barmherzigkeit zu enthüllen. Man hat sich darin gefallen, aus den ewigen Wahrheiten, wie sie z. B. in dem Syllabus enthalten sind, Consequenzen zu ziehen, welche an sich ganz richtig, doch durch die concreten Verhältnisse ausgeschlossen sind.

Wenn ich hieraus gewissen Katholiken einen Vorwurf mache, so möchte ich damit aber keineswegs die deutschen Protestanten freisprechen. Ich bin viele Jahre hindurch mehr mit Protestanten umgegangen, als mit Katholiken; ich habe stets gefunden, wie schwer es der Mehrzahl derselben — bei aller Vortrefflichkeit ihres Geistes und Herzens — zu fallen pflegte, sich von katholischen Anschauungen ein richtiges Bild zu schaffen; ich habe aber auch gefunden, dass man im Allgemeinen allzuwenig Gelegenheit sucht, sich wirklich zu instruiren und wahrhaft zu unterrichten; dass vielmehr sonst wohlunterrichtete Männer in dieser Beziehung sich nicht schämen, die tollsten Ammen-Märchen für Wahrheiten zu halten, ohne auch nur sich zu fragen, ob denn derartiger Unsinn auch nur psychologisch denkbar sei.

Im Allgemeinen habe ich gefunden, dass man auf protestantischer Seite viel weniger die einzig mögliche Grundlage des religiösen Friedens erfasse, als es auf katholischer geschieht: die politische Parität der religiös autonomen Confessionen. Mit Anerkennung dieses Grundsatzes hat man die »Schinderei« des dreissigjährigen Krieges überwunden. Nur in diesen Grundsatz kann die »Schinderei« des Culturkampfes ein Ende finden. Doch genug. Nichts liegt mir ferner, als mich im Predigerton üben zu wollen. Ich will nur darauf hinweisen, dass es Zeit wäre, die Mahnung des ehrwürdigen Capuziner-Paters zu befolgen und den animus hostilis, die feindselige Stimmung, zu bekämpfen, diese böse Lust, zu schinden und zu placken, welche naturgemäss die Furcht hervorruft, geschunden und geplackt zu werden, und schliesslich dazu führt, dass man in der That geschunden und geplackt wird. Neminem concutiatis! Dieses Wort, hochgeborener Herr Graf, scheint mir mehr zur Lösung der Frage beizutragen, mit der Sie sich beschäftigen, und welche, wie sie bis jetzt der Staatskunst des Kanzlers spottet, auch der Ihrigen nur Spott einzutragen geeignet war. Erlauben Sie, dass ich es Ihrer hohen Erwägung empfehle und in vollkommener Hochachtung verharre

Ew. Excellenz

ergebenster

..... Minranov.

Dritter Brief.

Neque calumniam faciatis,
Niemand verlästert, auf Niemand lügt.

Hochgeborener Herr Graf!

Die Pflege des Wauwau's, welchen die Trunkenheit
erzeugt und der Katzenjammer geboren hat, die Idee des
preussenfeindlichen Papo-Cäsarismus nämlich, macht Ew.
Excellenz augenscheinlich viel Sorge.

Der Essay des Dilettanten hat seine Schuldigkeit wohl
gethan. Er hat die riesigsten Anstrengungen der Rhetorik,
Plastik und Decorationsmalerei gemacht, um das zu so
grimmiger Existenz berufene, doch so schwachbeinige Ge-
schöpf möglichst gross zu ziehen. Dennoch scheint der
Erfolg den Erwartungen noch nicht ganz zu entsprechen.
Ew. Excellenz halten es für nothwendig, die grässliche Gestalt dem Publicum aufs Neue vorzuführen, ehe Sie sich
zu der Beantwortung der Frage: quid faciamus? entschliessen.

Das hat wohl seinen guten Grund. Das faciamus
Ew. Excellenz steigt und fällt mit dem guten, bösen Wau-

wau. Kein Wunder darum, dass Sie sich aufs Neue mit ihm beschäftigen; und diesesmal mit besonderem Geschicke. Ew. Excellenz kennen die Vorliebe des Publicums für schauerliche Geschichten; darum ist es sehr gescheidt, dass Sie demselben eine solche Geschichte zum Besten geben, indem Sie auf Seite 9—18 Ihrer neuesten Schrift erzählen:

Wie der kühne Harry mit dem Wauwau rang!

Ich verzichte darauf, die Schilderung hier wiederzugeben. Sie gehört ohnedies unserer classischen Literatur an und wird wahrscheinlich bald auch dramatisch behandelt werden.

Sehr angezeigt aber scheint es mir gerade an dieser Stelle zu sein, wenn unser Freund, der Capuziner-Pater, als zweiten Theil der Antwort auf Ew. Excellenz Frage: wie machen wir's, dass wir kommen in Abraham's Schooss? bemerkt:

Neminem calumniatis, wenn Ihr Niemand verlästert, auf Niemand lügt!

Die Schauergeschichte, welche Ew. Excellenz von dem »Kampf mit der vaticanischen Clique«, von der »vaticanischen Schlacht«, von dem »feindlichen Papstthum« entwerfen, ist entweder ein launiges Märchen oder ein ganz abscheuliches Gewebe von Entstellungen. Letzteres nicht subjectiv gemeint natürlich, sondern, wie es der parlamentarische Anstand fordert, nur objectiv. Objectiv aber in ganz colossalem Umfang.

Es würde die in der That ungewöhnliche Geduld Ew. Excellenz wohl allzusehr ermüden, wenn ich alle Fäden dieses Gewebes hier anführen wollte. Darum habe ich mir

2

ein halbes Dutzend Nummern ausgesucht, welche ich Ihrer
geneigten Beachtung besonders empfehlen möchte.

1. Ew. Excellenz sagen: »Die Mittel, welche ange-
wandt werden, um die Bischöfe unter stetem Miss-
brauche der weltlichen Gewalt zum Nachgeben zu be-
wegen, konnten keinen Zweifel darüber lassen, dass
Pius IX. den Ideen, auf welchen die heutige Welt-
ordnung, mithin die preussische Macht beruht, eine
Schlacht anbieten wollte, der wir nicht aus dem Wege
gehen konnten und schliesslich trotz besten Willens nicht
aus dem Wege gegangen sind.«

Wenn in diesem Satz auch nur ein Wort wahr ist,
so soll mich gleich Ihr Wauwau fressen. Pius IX. soll
seine weltliche Macht missbraucht haben, die Bischöfe
zum Nachgeben zu zwingen! Weltliche Macht! Da denkt
man doch wohl an Schweizer, Dragoner, Gensdarmen, Engels-
burg oder Kerker des Vaticans. Und solche Mittel sollte
Pius IX. in den dem Concil vorausgehenden Jahren gegen
die Bischöfe Deutschlands, Oesterreichs, Frankreichs, Eng-
lands und der Vereinigten Staaten angewendet haben? Nein,
Excellenz, nein — das ist doch gar zu keck gedichtet. Auch
für Arnim's Phantasie gibt es Gränzpfähle. Von der Schlacht
gar nicht zu reden. Hoffentlich haben Ew. Excellenz unterdessen bereits Befehl bekommen, die schwarzweissen Banner
und die Standarte des Kaisers etwas zu schonen.

2. Ew. Excellenz geruhen an die Definition der unbefleck-
ten Empfängniss der allerseligsten Gottesmutter durch Pius IX.
mit folgenden Worten zu erinnern:

»Hatte er doch noch vor wenig Jahren vermocht,
Thüren einzustossen, an denen Engel knieend lauschen, um

jenes entsetzliche physiologische Dogma zu verkünden, welches die Schleussen für allen Unsinn öffnet.«

In welchem physiologischen Zustand Ew. Excellenz diese Worte schrieben, weiss ich nicht. Die Ehrfurcht, welche auch Protestanten der Mutter ihres Erlösers schulden, verpflichtet mich aber, Ew. Excellenz zu sagen, dass ich sie ebenso läppisch als schamlos finde. Der Glaube an die unbefleckte Empfängniss Mariens hat mit irgend welcher Frage der Physiologie absolut nichts zu thun; sein Gegenstand ist ein rein ethisches Geheimniss: das Geheimniss der göttlichen Gnade nämlich, durch welche die Seele Mariens im Augenblick ihrer Erschaffung geheiligt wurde. Und dieses erhabene Geheimniss erlaubte sich der ehemalige Gesandte des norddeutschen Bundes bei dem hl. Stuhle in den Schmutz zu ziehen! Die katholische Welt — auch 15 Millionen deutsche Bürger — glauben dieses Geheimniss, und ein preussischer Botschafter a. D. findet es angemessen, zu sagen, dass es die Schleussen für allen Unsinn öffnet!

Gott behüte mich, dass ich Ew. Excellenz zumuthe, dieses Geheimniss persönlich zu glauben oder auch nur seine sittliche und theologische Bedeutung zu ahnen. Aber die öffentliche Sprache eines hohen Beamten Sr. Majestät des Kaisers müsste doch wenigstens über dem Niveau der Gassenhauer bleiben.

3. Ew. Excellenz sagen weiter von Pius IX., »er versicherte Gottes Geheimnisse zu wissen.« Wann? wo? wie? hat Pius IX. solchen Unsinn gesagt? Einige Geheimnisse Gottes weiss der Papst allerdings und wir mit ihm, soweit sie durch Christus und die Propheten uns geoffenbart sind; und es ist wohl glaublich, dass er hiervon etwas mehr

weiss, als Ew. Excellenz. Aber die Geheimnisse Gottes zu
wissen, hat Pius IX. niemals versichert.

4. Ew. Excellenz gefallen sich mit dem Papste auch
die Bischöfe anzutasten. Indem Sie Ihrer Beziehungen
zu den deutschen Bischöfen gedenken, versichern Sie:
»Ich erinnere mich nicht, irgend einen Schritt gethan zu haben, ohne mich des Einverständnisses
des unvergesslichen Ketteler zu versichern.«
Herr von Ketteler erklärte unter andern auch das in
dem Essay vom Nuntius abgedruckte Schreiben an den Car-
dinal Antonelli d. d. 23. April 1870 für den treuen Ausdruck seiner eigenen Auffassungen, während dasselbe in Berlin »sehr stark« gefunden wurde.

Er theilte die Ansicht, dass das Concil kein legitimes
Concil sei. Freilich mit dem Zusatz, dass es legitim werde,
wenn es sich für legitim erklärte.

Es schien, dass ihn die Analogie mit den Gerichten
verwirrte, die über ihre eigene Competenz befinden — falls sie
nämlich überhaupt Gerichte sind. »Das verstehen Sie wohl
nicht?« fragte er. Und auf meine energische Verneinung:
»Natürlich, dazu muss man erzogen sein.«

Der edle und grosse Bischof von Mainz ist, wie Msgr.
Dupanloup, nicht mehr unter den Lebenden. Darum haben
Ew. Excellenz leichtes Spiel, Privatgespräche mit denselben
zu erzählen. Zufälliger Weise aber befinde ich mich im
Besitze der Aufzeichnungen einiger dieser Gespräche und
zwar eben desjenigen, welches Herr von Ketteler am 6. Mai
1870 mit Ew. Excellenz über die Note vom 23. April 1870
führte. Ich erlaube mir dasselbe umsomehr zu veröffent-
lichen, als mir bekannt ist, dass dieselbe Aufzeichnung in

den Händen Ew. Excellenz sich befindet, und dass somit, wenn Sie falsch berichten, dieses nicht auf Irrthum beruhen kann.

Herr von Ketteler notirt: »den 6. Mai 1870. Meine Bemerkungen über die preussische Note an Arnim mitgetheilt. 1. Ich begreife die Befürchtungen der Regierungen. Ich tadle deshalb ihre Schritte nicht. Ich anerkenne die milde Form der Note.

2. Dennoch glaube ich, dass die gehegten politischen Befürchtungen selbst dann nicht in Erfüllung gehen würden, wenn die Unfehlbarkeit erklärt würde; denn a) das Object der Unfehlbarkeit der Kirche bleibt ganz und gar dasselbe, und b) wenn auch Streitigkeiten über dasselbe entstehen könnten, so ist doch nie zu befürchten, dass die Ansicht zur Geltung komme, als ob alles das, was die Bullen des Mittelalters berührt haben, je dazu gerechnet werden könnte. Insofern halte ich die von Rauscher u. A. gemachte Eingabe für gänzlich unbegründet.

3. Deshalb rathe ich, ruhig abzuwarten, ob und wie die Unfehlbarkeit entschieden wird, was gänzlich ungewiss. Wenn dieses eintreten sollte und wenn daraus später, was meiner Ansicht nach nie geschehen wird, Folgerungen bezüglich der Politik wie im Mittelalter abgeleitet werden sollten, so wird ein grosser Theil der Katholiken mit den Regierungen dagegen protestiren.«

Dieses ist die Aufzeichnung, welche Herr von Ketteler sich von dem Gespräch über die Note vom 23. April 1870 gemacht hat. Ob sie zu der Behauptung berechtige, »Herr von Ketteler erklärte dieses Schreiben für den treuen Ausdruck seiner eigenen Auffassungen« überlasse ich dem Urtheil aller

Redlichen. Wenn man die Worte Ew. Excellenz liest, könnte man glauben, Herr von Ketteler habe mit dem preussischen Gesandten während des Concils in einer Art entente cordiale gestanden. Ich weiss, dass der Bischof von Mainz gleich den anderen Bischöfen preussischen Gebiets die Ehre hatte, auf dem Kapitol zuweilen empfangen zu werden; im Einverständniss aber stund der preussische Gesandte mit ganz anderen Leuten, wie dieses sehr deutlich aus dem später enthüllten Briefwechsel mit Döllinger zu ersehen ist.

Das Gespräch über die Competenz und Legitimität des Concils ist jedenfalls ganz unrichtig wiedergegeben. Herr von Ketteler hat die Legitimität des Concils niemals, weder vor, noch während, noch nach dessen Verlauf bezweifelt. Er hat das Gegentheil wiederholt in öffentlichen Erklärungen versichert. Die Vergleichung mit den Gerichten, welche über ihre eigene Competenz erkennen, hat ihre volle Richtigkeit. Auch das Concil hat in Bezug auf die einzelnen Fragen und gegenüber den ihm unterworfenen Gläubigen autoritativ über seine Legitimität und Competenz zu erkennen, was jedoch nicht ausschliesst, dass Graf Arnim sich von derselben aus eigener Einsicht hätte überzeugen können, wenn er überhaupt dazu erzogen wäre, sich von evidenten Wahrheiten zu überzeugen.

. 6. Ew. Excellenz erweitern den Kreis der Entstellungen, indem Sie von den Katholiken Deutschlands sagen:

»Man konnte sich der Wahrnehmung nicht verschliessen, dass eine Partei, die sich auf Rom berief und von Rom nie verläugnet worden ist, im Bunde mit disparaten Elementen bemüht war, die Errungenschaften des Krieges zu verkümmern, — Jeden, der den Papstcultus betrieb, konnte man als einen Gegner des preussischen Erbkaiserthums ansehen.«

Ich habe diese Anklage der deutschen Katholiken wiederholt von Ew. Excellenz gehört und bereits darauf erwiedert. Dass die Katholiken die Zerstörung des Kirchenstaates als einen räuberischen und sacrilegischen Act der von dem legitimen Königthum geleiteten Revolution verurtheilten, ist gewiss; und es ist kein Papst-Cultns, sondern lediglich ein mässiger Cultus des Völkerrechtes oder des siebenten Gebotes Gottes nothwendig, um die Wiederherstellung dieser Herrschaft zu fordern.

Dass aber Jeder, welcher den Papst verehrt und sein Recht reclamirt, ein Gegner des preussischen Erbkaiserthums gewesen sei und noch sei, das ist durchaus unwahr. Der einzige Beschluss der ersten Versammlung deutscher Katholiken zu Fulda, am 20. October 1870, welche mit der Occupation Roms sich beschäftigte, ging dahin, eine Adresse an Se. Majestät den Kaiser und die verbündeten Regierungen zu richten. Diese Adressen, welche in grosser Zahl einliefen, sprachen ein hohes Vertrauen zu dem König von Preussen und seinen Verbündeten aus, und dieses Vertrauen erhielt in der bekannten Erklärung des Königs und nachmaligen »Erbkaisers« eine, dem Wortlaut nach sehr befriedigende Erwiderung.

Welche Thätigkeit der Gesandte des deutschen Bundes bei jener Occupation entfaltet hatte, war damals noch nicht bekannt. Auch hatte Herr Falk die Katholiken noch nicht belehrt, dass die Regierung Sr. Majestät des Deutschen Kaisers den Krieg gegen Rom, welchen Victor Emanuel äusserlich siegreich beendigte, nunmehr im Innern fortzuführen übernommen habe.

Wäre Graf Harry Arnim oder Doctor Falk Inhaber

des preussischen »Erbkaiserthums«, dann allerdings könnte die bedenkliche Wahrnehmung, von der Ew. Excellenz Erwähnung thun, nicht wohl ausbleiben.

Auch ist sehr zu wünschen, dass dieses Erbkaiserthum baldmöglichst von Männern umgeben sein möchte, welche ihm eine so bedenkliche Interpretation nicht geben.

Bekanntlich konnte man sich schon öfters »der Wahrnehmung nicht verschliessen«, dass Dynastien durch die Schuld ihrer Diener gefährdet wurden.

Vorerst aber ist die Behauptung Ew. Excellenz, dass alle dem Papst ergebenen Katholiken Gegner des preussischen Erbkaiserthums seien, über das Stadium einer frivolen und grundlosen Behauptung nicht hinausgekommen.

Aber man soll den Teufel nicht an die Wand malen. Er könnte am Ende doch erscheinen.

Jedenfalls, hochgeborener Herr Graf, soll, wer in Abrahams Schooss kommen will, die schöne Ermahnung des ehrwürdigen Paters sich zu Herzen nehmen. Sollte Ihnen das schwer fallen, so wüsste ich noch eine andere Antwort auf das: quid faciamus? Taceamus! Gestatten Sie, dass ich Ihnen mit gutem Beispiel vorangehe, indem ich schweigend verharre

Ew. Excellenz

ergebenster

. . . . . Minranov.

Vierter Brief.

Contenti estote, euch begnügt,
Stipendiis vestris, mit eurer Löhnung.

~~~~~~

Hochgeborener Herr Graf!

Der Eindruck, welchen der Kampf des kühnen Harry
mit dem vaticanischen Wauwau auf das Publicum machte,
wäre ohne Zweifel noch bedeutender gewesen, wenn Graf
Arnim damals schon Botschaftersrang gehabt hätte. Chlodwig
Hohenlohe hätte darin sicherlich keine Empfindlichkeit gefunden, wenn ihm die heroische Lage des Capitols auch nur
flüchtig angedeutet worden wäre. Helden müssten immer
Botschaftersrang haben. Was wäre aus Hercules geworden,
wenn Ew. Excellenz zur rechten Zeit den Antrag gestellt
hätten, ihm jenen Rang zu geben, welcher dem Gesandten des
norddeutschen Bundes fehlte, um 1870 »die vaticanische
Schlacht« zu gewinnen?

Leider, verehrter Herr Graf, ist nun beides tróp tard.
Von dem Kampf mit der lernäischen Schlange wie mit der

»vaticanischen Clique« ist nichts übrig geblieben, als das
Phantasiebild. Ein Unterschied jedoch ist immerhin bemerkenswerth. Der Schlange wurden alle Köpfe ausgebrannt.
Dem Wauwau des Grafen Arnim wachsen dieselben in jedem
Essay aufs Neue. Das ist ein nicht unbedeutender Vorzug,
welchen der Held von 1870 vor dem Helden des Alterthums
hat, und Sie verstehen, ihn sattsam zu nützen. Der in
Ihrem Kopf stets neu wachsende Wauwau veranlasst und
berechtigt Ew. Excellenz, einen Gesetzesentwurf zu veröffent-
lichen, dessen erster Paragraph lautet:

1. »Die ehemalige römisch-katholische Kirche hat in
Folge der vom Papste decretirten und von den preussischen
Bischöfen acceptirten vaticanischen Constitution »pater aeter-
nus« aufgehört zu existiren. Das Rechtssubject für die Rechte
der alten Kirche fehlt. — Alle Kirchengüter fallen an den
Staat zurück.«

Ich hoffe, verehrter Herr Graf, dass keiner der Theo-
logen und Juristen des deutschen Reiches diesen Satz nach
dem Mittagstisch liest. Er ist wohl geeignet, eine schwere
Indigestion, wenn nicht gar einen Schlaganfall hervor-
zurufen.

Denn Widersinnigeres ist doch wohl noch nie in Form
eines Gesetzesentwurfes behauptet worden, als dieses.

Ew. Excellenz berufen sich hiebei auf den öster-
reichischen Minister von Stremayr, welcher, wie Sie behaupten, durch einen Vortrag vom 25. Juli 1870 ein Handschreiben Sr. kaiserlichen Majestät extrahirt habe, welches
Aehnliches enthalte. Ich weiss nicht, welchen Charakter
die von den Ministern »extrahirten« Handschreiben haben;
das aber weiss ich, dass trotz der Extractionsfähigkeit des

Herrn von Stremayr in dem Gehirn eines Oesterreichers der Gedanke nicht aufgekommen ist, dass die katholische Kirche am 18. Juli 1870 zu existiren aufgehört habe. Herr von Stremayr hat diesen Nonsens dem Kaiser nicht extrahirt. Er behauptete — sehr ohne Grund —, die Verhältnisse, unter welchen das Concordat geschlossen worden, seien verändert, die Verfassung und die Dogmatik der Kirche sei alterirt. Dass die Kirche zu existiren aufgehört habe, sagte er nicht, und das hätte sich der Kaiser auch nicht »extrahiren« lassen. Dieser Gedanke ist Ew. Excellenz privilegirtes Eigenthum, und es ist eine der allergewundensten Wendungen Ihrer an Wendungen so reichen Feder, den armen von Stremayr zu Ihrem Complicen zu machen.

Nein, nein, Herr Graf! Wenn man ein Extrahenten-Genie sein will, so muss man nicht andere Leute ins Unglück bringen; man muss den Standesadel haben, die Genialität allein zu vollbringen. Eine juristische Genialität von solcher Unverfrorenheit, wie sie von Ew. Excellenz dem deutschen Kaiser und den Häusern des preussischen Landtages vorgeschlagen wird, ist überhaupt wohl noch niemals versucht worden.

Achtzehn Concilien hat die Kirche gefeiert. Jedes hat irgend einen Theil der Glaubenslehre, welcher zuvor minder klar oder strittig war, definirt und irgend einen Theil des canonischen Rechtes näher bestimmt. Es gab immer solche, welche gegen die Conciliumsbeschlüsse opponirten. Darunter auch Kanzler und Minister, ja sogar Botschafter a. D. Aber Niemand ist auf den Gedanken verfallen, dass in Folge dieser oder jener dogmatischen Definition und canonischen Reform die Kirche als solche zu existiren aufgehört habe.

Es ist ganz überflüssig, anf den Inhalt der Constitution »pater aeternus« einzugehen. Wie schon in einem früheren Briefe von mir bemerkt wurde, kommt es für die rechtliche Beurtheilung der Folgen dieser Constitution nur auf die eine Frage an, ob sie verfassungsmässig zu Stande gekommen ist? Ist sie dieses, dann muss sie als ein Bestandtheil der staatsrechtlich anerkannten Kirche anerkannt werden; in keinem Falle aber kann aus der Ausübung des der Kirche zustehenden und staatsrechtlich anerkannten Lehramtes gefolgert werden, dass sie dadurch zu existiren aufhöre.

Würde Ihr Grundsatz oder vielmehr Ihr Widersinn Geltung haben, so würden ja unsere Staaten mit jeder Verfassungsänderung zu existiren aufhören, und hätte speciell der preussische Staat durch die Aufhebung der bekannten Verfassungsparagraphen zu existiren aufgehört.

Es ist nicht meine Sache, nach den Gründen zu fragen, ans welchen Ew. Excellenz die Güter der ehemaligen römisch-katholischen Kirche als »res derelicta« betrachten und sie dem Staate zusprechen.

Darüber würden die treuesten Freunde der heutigen preussischen Politik, die Altkatholiken, sich ohne Zweifel bitter beschweren. Denn sie würden ja wohl in diesem Falle mit Grund behaupten, die katholische Kirche seien sie und sie seien das Rechtssubject, welches Ew. Excellenz als nicht existirend betrachten.

Vielleicht könnten auch die Kirchengemeinden, welche man in jüngster Zeit, so demokratisch organisirt hat, über die summarische Confiscation, welche Ew. Excellenz vorschlagen, Klage führen.

Sie sehen, Herr Graf, die Sache ist nicht so glatt, als das Papier, worauf sie geschrieben ist. Nicht besser aber wird sie durch den rechtsgeschichtlichen Versuch, mit welchem Ew. Excellenz den Vorschlag der Kirchengüterconfiscation begründen. »Von einem allgemeinen Rechtsgrundsatz«, so sagen Sie, »musste ausgegangen worden sein, wenn der Staat sich entschloss, das herrenlos gewordene Kirchenvermögen zurückzunehmen. Ich sage »Zurücknehmen«, denn es wird nicht bestritten werden, dass bis tief in das Mittelalter hinein das dominium directum bei dem Kaiser war. Der Kaiser gab den Inhabern der Kirchenämter dieselben zu Lehen. Das geistliche Amt war ein Zugehör des Lehnbesitzes.«

Diese rechtsgeschichtliche Stilübung fehlte eben noch, um Ew. Excellenz — den Doctortitel zu verschaffen. Als ob der Anspruch auf das Besetzungsrecht identisch wäre mit dem Anspruch auf das Eigenthumsrecht! Dass die kirchlichen Beneficien Staatseigenthum seien, hätte auch der wüthendste Investiturkämpfer zu behaupten sich gescheut. Das hat auch die Reformation, in welcher die Landesfürsten Bischöfe wurden, nicht als Grundsatz aufgestellt. Das ist erst von der französischen Revolution ausgesprochen und dort auch vollzogen worden, jedoch offen, mit der Gewalt ehrlicher Räuber, nicht mit der gleissnerischen Miene Arnim'scher Genialität wie es in dem Paragraphen 1 ihres Gesetz-Entwurfes geschieht.

Doch ich bitte um Vergebung! Ew. Excellenz Grossmuth übertrifft selbst die Grossmuth Rinaldini's; denn Paragraph 2 Ihres Gesetz-Entwurfes schlägt vor:

2. »Der Staat erkennt die von dem römischen Bischofe

regierte Kirche als eine n e u e zu Recht bestehende Religions-
gesellschaft an. — Er sichert ihr Niessbrauch und Verwaltung
des Vermögens und der Staatsleistungen zu, welche der alten
Kirche gebührten.«

Wie muss es einem armen Reisenden zu Muthe sein, wenn
der Gentiluomo, der ihn eben mit gespanntem Hahn aller
seiner Baarschaft und Kleidung bis auf das . . . . beraubt
hat, plötzlich zurückkommt mit den freundlichsten Mienen
eines väterlichen Wohlthäters, um ihm zu sagen, dass ihm und
seinen Nachfolgern das Alles für ewige Zeiten zum Niessbrauch
gegeben sei, unter der einzigen Bedingung, dass er quittire:
Unterzeichneter war todt, mausetodt, lebt aber wieder
und zwar mit neuem Leben durch die Gnade des Banditen
D . . . . . in den Abruzzen.   †††
Wie es der hl. katholischen Kirche in diesem Falle zu
Muthe sein würde und ob sie die Quittung unterschreiben,
ja ob sie auch nur die Gnade des Räubers annehmen würde,
das gebe ich Ew. Excellenz zu erwägen anheim.

Die Mai-Gesetzgebung hat ihr hunderttausendmal weniger zugemuthet. Sie hat sie sogar feierlich als die alte
Kirche anerkannt und hat ihr ihre Rechte in gewissem Umfang neu garantirt. Nur .ein paar Ringelchen und Kettchen
hat sie ihr umlegen wollen zum Zeichen der eifersüchtigen
Liebe, welche neuerdings aus gewissen Gründen die Staaten
gegen sie anwandelte.

Die Kirche aber hat ihre Freiheit und ihr Recht mit
siebenjährigen schweren Leiden bewahrt.

Glauben Ew. Excellenz wirklich, dass auch nur e i n
deutscher Bischof oder e i n Priester von Arnim's Gnaden
einen Pfennig nähme?

Die übrigen Paragraphen Ihres Gesetz-Entwurfes sind keiner Silbe Widerlegung werth. Ein Jurist würde sich zu Tod schämen, wenn er den Domcapiteln die §§ 3, 4 und 5 erklären sollte; wenn er ihnen sagen müsste: staatsrechtliche Verträge zwischen Papst und König, durch welche die Bischofswahlen und die Theilnahme der Regierung an denselben geregelt wurden, beständen nicht mehr; aber die Domcapitel dürften doch nach dem bestehenden Rechte nur solche zu Bischöfen wählen, von denen sie wissen, dass dieselben personae gratae seien.

Und selbst ein Postbote würde erröthen, wenn er den Bischöfen das Regierungsblatt zutragen müsste, welches §§ 5, 6 und 8 Ihres Entwurfes enthält. Sehen Sie doch, Excellenz! Die Maigesetzgeber hatten wenigstens etwas hinter sich, nämlich den Gensdarmen und Staatsanwalt. Ihr Gesetz-Entwurf aber hat neben dem Fluch der Perfidie nur den Fluch der Lächerlichkeit hinter sich.

Dennoch versprechen Ew. Excellenz demselben einen erheblichen Erfolg und rechnen sogar aus, wie lange die katholische Kirche die Hungerkur, welche Sie ihr zu verordnen die Güte haben, wohl aushalten werde.

Ich will dieser Berechnung nicht entgegentreten. Ew. Excellenz selbst haben einen lichten Augenblik, um zu gestehen: »Bei Gott ist kein Ding unmöglich. Auch die Existenz einer deutschen katholischen Kirche, welche auf eigene Kosten lebt, kann zu diesen Dingen gehören.«

Die Resignation, welche in diesen Worten sich ausspricht, ist um so ergreifender, als sie ganz und gar mit der Stimmung zusammentrifft, welche der Reichskanzler, wie Ew. Excellenz sagen, Ihnen dereinst, als die Wogen des

Culturkampfes schon hoch gingen, zu eröffnen die Gnade hatte.

Eine deutsche Kirche, welche auf ihre eigenen Kosten lebte, ebendarum auch keine Domcapitulare und Bischöfe haben müsste, welche personae gratae wären! Eine Kirche, welche von der Regierung ignorirt würde und in den Acten der Bureaucratie nicht existirte, eben darum aber auch frei wäre! ganz frei! frei wie in Amerika! Eine solche Kirche wäre das bei Gott mögliche Resultat Ihres Gesetz-Entwurfes, und mit einem solchen Zustande wäre am Ende auch der Kanzler, Se. Durchlaucht der Fürst Bismarck einverstanden! Träume ich oder wache ich? Doch ich wache. Ew. Excellenz schreiben dieses S. 39 auf der 12. Zeile in 48 Worten. Lassen Sie sich umarmen, hochgeborener Herr Graf! und wenn es Se. Durchlaucht nicht unguädig aufnehmen, so sollen Hochdieselben in diesem amicalen Concert der Dritte oder »die Dritten« sein.

Da ist ja alles gelöst; denn ich wüsste nicht, was dann noch fehlte, um auch die letzte Ermahnung des Capuziners zu erfüllen und somit unweigerlich in Abrahams Schooss zu kommen:

Contenti estote stipendiis vestris! Seid zufrieden mit Eurer Löhnung!

Die königlich preussische Regierung würde sich zufrieden geben mit ihrer Löhnung, d. i. mit den Revenuen der Staatseinkünfte, Steuern und Zöllen, sowie auch den kraft Ihres Gesetz-Entwurfs confiscirten Kirchengütern.

Und die katholischen Bischöfe, Priester und Ordens-

Personen würden sich desgleichen zufrieden geben mit ihrer Löhnung, welche sie von den Katholiken tagtäglich erhalten. Wem es dabei wohl ruhiger und behaglicher zu Muthe wäre, will ich nicht entscheiden. Aber darauf kommt es nicht an. Die Lösung ist gefunden. Wir schliessen kein förmliches Concordat. Aber das factische Concordat lautet: § 1. Die katholische Kirche lebt in voller Freiheit auf eigene Kosten. § 2. Graf Arnim zieht die Kirchengüter ein und ist zufrieden. Contenti estote! Dieses Wort hat der unsterbliche Schiller dem Munde des genialen Capuziners als wundersames Heilmittel für die Wunden des Vaterlandes eingegeben! Warum hat man in Berlin in letzter Zeit Wallenstein's Lager so selten aufgeführt? und warum haben die leitenden Staatsmänner, namentlich der Cultusminister, die Capuziner-Predigt so wenig studirt? Contenti estote stipendiis vestris! ja, Herr Graf, was braucht es da mehr? Die Zufriedenheit mit der Löhnung, das ist die Hauptsache. Freilich auch die Lossagung von der bösen Angewöhnung! Nun, heute genug davon. Aber noch einmal, verehrter Herr Graf, lassen Sie sich umarmen. Mit unserem, aus zwei Paragraphen bestehenden Concordat ist alles versöhnt, alles geordnet, alles erfrischt, ganz besonders das unauslöschliche Band der Liebe, mit welchem sich gefesselt weiss

Ew. Excellenz

ergebenster

..... Minranov.

Fünfter Brief.

Und verflucht jede böse Angewöhnung.

Hochgeborener Herr Graf!

Noch wogt in meinem Gemüth das Gefühl der Freude, welchem der Schluss meines letzten Briefes vielleicht allzu stürmischen Ausdruck gab. »Es gibt Augenblicke«, so sagt der Dichter, »in denen man dem Weltgeist näher steht, als gewöhnlich.« Ein solcher Augenblick war für mich gekommen, als Ew. Excellenz in Ihrem Quid faciamus nos mir und den preussischen Katholiken zu eröffnen geruhten, dass Sie der katholischen Kirche die erhabenste, unantastbarste und edelste Freiheit gewähren: Die Bettelfreiheit!

Bettelfreiheit! Entzückende Lösung der peinlichsten aller Fragen! Fahre hin, Cavour, mit deiner einst so hoch gefeierten Idee der freien Kirche in dem freien Staat! Gehe schlafen, alter Fritz, mit deinem viel bewunderten Königswort: »In meinen Staaten kann Jeder nach seiner Façon

selig werden!« Graf Arnim hat Grösseres gethan. Ihm ge-
bührt die einzige, unvergleichliche Ehre, die wahre Grundlage der Gewissensfreiheit erfunden und verkündigt zu haben:
Die Bettelfreiheit.

Bettelfreiheit! Der Gedanke ist fruchtbar für alle
Gebiete des gesellschaftlichen Lebens! Ja es scheint, als ob
in unserem gesegneten Vaterland überhaupt nur diese Freiheit eine Zukunft habe. Wohl möglich sogar, dass sie den
ganzen idealen Reichthum der Civilisation des Jahrhunderts
in sich begreift. Bettelfreiheit! Wie köstlich, wie
süss, wie wonniglich lautet dies Wort!

Doch, verehrter Herr Graf! unsere Zeiten sind so eigen-
thümlich, und die Erfahrungen der letzten Jahre haben selbst
in kindlichen Gemüthern, wie das meinige notorisch ist, so
tiefe Furchen gezogen, dass man keiner Freiheit so recht froh
werden kann, und — verzeihen Sie mir das Geständniss —
dass ich selbst die von Ihnen so grossmüthig bewilligte
Bettelfreiheit mit einigen Bedenken aufnehme. Ich würde
dieselben in diesem »Augenblick« wohl nicht auszusprechen
den Muth haben, wenn nicht der Dichter selbst sagen
würde, dass man in ihm »eine Frage frei hat an das Schicksal.« Also in aller Eile, hochgeborener Herr Graf, eine
und eine halbe Frage an das Schicksal, oder vielmehr an
den Mann, welcher das Schicksal der preussischen Katholiken
in seiner Mappe trägt.

Zunächst eine halbe Frage: Wie steht es mit der
Bettelfreiheit? Ist sie ernst gemeint? absolut und unbedingt gewährt? für immer bewilligt und garantirt?

Ich kenne die Grossmuth, welche Ew. Excellenz mit
allen preussischen Staatsmännern der Gegenwart gemein

haben. Aber ich weiss auch, dass es selbst dem stärksten Willen oft schwer fällt, althergebrachten Gewohnheiten entgegenzutreten. Ich bin weit entfernt, Unmögliches zu verlangen, namentlich in Geldsachen, in welchen bekanntlich die Gemüthlichkeit aufhört, und namentlich von Botschaftern, bei welchen Geldsachen überhaupt niemals gemüthlich enden. Aber nicht einmal alles »Mögliche« verlange ich.

Möglich ist erstens, dass Ew. Excellenz im Namen des preussischen Staates den Katholiken, welche, von der ihnen gewährten Bettelfreiheit Gebrauch machend, auf das bisher bestehende Kirchengut verzichten, den ungeschmälerten Besitz und Genuss des in Zukunft zu erwerbenden Vermögens in irgend welcher Form gestatten. Selbstverständlich könnte dieses nicht in der bisherigen Weise geschehen; die bettelfreie Kirche wäre ja keine Corporation, auf welche das Gesetz über die Verwaltung des Kirchenvermögens Anwendung fände. Sie könnte nur als eine verschwiegene oder eingetragene Genossenschaft Vermögen besitzen, etwa als eine Handelsgesellschaft oder, so lange das Reichsgesetz Privat-Eisenbahnen noch gestattet, als intermundane Eisenbahn-Actien-Gesellschaft. Auf diese Weise würde sie wahrscheinlich ziemlich prosperiren und sich in einigen Jahrzehnten ein neues Vermögen, ähnlich dem eben confiscirten, erwerben.

Das ist eine Möglichkeit; näher betrachtet freilich scheint dieselbe vollständig unmöglich. Es würde eine zu starke Zumuthung sein, von dem preussischen Staate zu verlangen, dass er einem Grundgesetz entsage, dem er seinen Ursprung und seine glänzendsten Momente der Entwickelung verdankt. Auf Confiscation des Kirchenvermögens überhaupt

und für immer zu verzichten, wäre antipreussisch, wäre
a fortiori anti-arnimisch. Mag immerhin der Capuziner
predigen: »verflucht jede böse Angewöhnung.« Ich
bin nicht so streng, ich möchte nur eine ganz geringfügige
Mässigung Ew. Excellenz vorschlagen.

Meines Erachtens, Herr Graf, würde es am besten sein,
durch Gesetz oder Verordnung festzustellen, dass die katholische Kirche auf Grund der ihr gnädigst gewährten Bettelfreiheit, in den für eingetragene Genossenschaften zulässigen
Formen Vermögen erwerben könne, bis zu einem durch das
Ministerium zu bestimmenden Termin; etwa bis zum 1. April
1909. Eine solche gemässigte Bettelfreiheit hätte mancherlei
Vortheile. In dreissig Jahren würde die Kirche voraussicht-
lich ein sehr hübsches Vermögen sich erworben haben.
Schöne Kirchen, welche für Theater passend sind, — Klöster,
aus denen sich Kasernen oder Zuchthäuser machen liessen, —
Pfarrhäuser und Bischofsresidenzen, welche zu jeglicher Ver-
wendung, zur Dotation verdienter Staatsmänner oder Offi-
ciere oder auch für Diaconissenanstalten und Pfarrerstöchter-
Pensionen geeignet sind.

Mein Vorschlag empfiehlt sich selbst. Sollten ihn aber
Ew. Excellenz doch nicht für passend halten und sollten
Sie eine perennirende Confiscation des künftig zu erwerbenden Kirchenvermögens im Interesse des Staates für unbedingt
geboten erachten, so würde ich wenigstens eine gewisse
Vorsicht dabei empfehlen und die Meinung aussprechen,
dass es gut wäre, den Katholiken nicht auf einmal Alles
zu nehmen. Von den Hühnern ist bekannt, dass sie nicht
mehr legen oder verlegen, wenn man ihnen alle Eier nimmt.
Ew. Excellenz werden darum gut thun, wenn Sie das Con-

fiscationsgesetz gegen die katholische Kirche im Detail aus-
arbeiten, eine im Eierlegen der Hühner bewanderte Person
zu Rathe zu ziehen.

Wenn ich in Betreff der Confiscation des Kirchenvermögens den historischen Gewohnheiten preussischer Staatsmänner billig Rechnung trage, so muss ich mir in einer
anderen Frage schon etwas mehr erlauben.

Der Bettel an der Bettelfreiheit ist für die katholische
Kirche nur eine halbe Lebensfrage. Aber wie halten es
Ew. Excellenz mit der Freiheit? Das ist eine ganz andere, eine ganze oder vielmehr die ganze Frage, um welche
es sich handelt.

Auch in dieser Frage bin ich weit entfernt von der
Strenge des Capuziners. Wie sollte ich von einem preussischen Staatsmann verlangen, dass er der katholischen Kirche
volle Freiheit des Lebens gewähre? Vollkommene Gewissensfreiheit ist niemals eine Gewohnheit preussischer Staatskunst
gewesen, und Ew. Excellenz müssten die Geschichte dreier
Jahrhunderte verfluchen, wenn Sie in diesem Punkte jede
böse Angewöhnung verfluchen wollten.

Wohl hat es nicht an Versuchen gefehlt, auf preussischen
Boden die exotische Pflanze der Freiheit zu versetzen.

Das mehrerwähnte Wort Friedrich's II. war ein solcher
Versuch: »In meinen Staaten kann Jeder nach seiner Façon
selig werden.« Das war, wie Ew. Excellenz in Ihrem Quid
faciamus nos sehr richtig bemerken, der Gedanke Cavour's
in protestantischer Form. Der Protestantismus, welcher
unter Friedrich II. triumphirte, d. i. der ungläubige, mate-
rialistische, skeptische Protestantismus, welcher in dem Jahr-
hundert der Aufklärung erwachsen war, gewährte Gewissens-

freiheit auf Grund der Verachtung des Gewissens. Die Religion
wurde für frei erklärt, als »façon«, d. i. als eine gleich-
gültige, verächtliche, sogar lächerliche Caprice. Der grosse
König liess die Jesuiten gewähren, um Joseph II. zu ärgern.
Er verschrieb sich einen Mousignor nach Potsdam, um seine
Hofprediger zu quälen. Er gab seinen Soldaten katholische
Feldgeistliche, weil dieses dazu diente, die »Kerle in Zucht
zu halten.«
Aber d i e s e protestantische, d. i. ungläubige Form der
Freiheit, wie Ew. Excellenz dem Munde des grossen König's
congeniale Feder weiter bemerkt, hat ihre Grenzen in der
Staatskunst, welche »nach dem Vorgange Trajans« Niemanden
gestattet, einen Verein zu gründen, und welche nichts weniger
dulden kann, »als den mächtigsten Verein der Welt, die
römische Kirche«. Der Kirche als Verein, d. i. als einer
eigenen selbständigen autonomen Gesellschaft hat der Philo-
soph auf dem Throne niemals die Freiheit gewährt und er
hat wiederholt bewiesen, dass er nicht blos bei Trajan, sondern auch bei Diocletian sich die Waffen zu holen bereit
war, wenn es ihm gefiel, »Pfaffen mürbe zu machen.«
Ein zweiter glücklicherer Versuch, die böse Angewöhnung preussischer Staatskunst zu verfluchen, begegnet uns.
unter König Friedrich Wilhelm III. Preussen gedachte damals der staatsrechtlichen Verpflichtung, welche es bei dem
Erwerb katholischer Länder vor Europa übernommen hatte.
Die Ehre der preussischen Krone wurde, wie Minister Laden-
berg sagt, für das Recht der Kirche verpfändet. Die Anerkennung der Autonomie der Kirche war mit der Bulle d e
salute animarum ein bindendes Statut geworden.
Das war ein grosser Schritt vorwärts; aber die Staats-

kunst Preussens war weit entfernt, der preussischen Krone zu folgen. Sie that Alles, um sie aufzuhalten, und das Cölner Ereigniss bewies augenfällig, dass die Schule Trajan's und Diocletian's damals noch nicht geschlossen war. Erst Friedrich Wilhelm IV. schloss sie in Wirklichkeit, und die Verfassung von 1850 schien jede böse Angewöhnung zu verfluchen. Ein unermesslicher Segen knüpfte sich an die edle und erleuchtete That dieses Königs. Die Freiheit des Gewissens hatte auf märkischem Sande Wurzel geschlagen und sie versprach die schönsten Früchte.

Aber die Regierung Friedrich Wilhelm's IV. war nur ein Sommernachtstraum; die Staatskunst Preussens kehrte zu ihren Traditionen zurück, und die freisinnige Verfassung wurde nach kaum 25jährigem Bestand unter dem Jubel der Liberalen- und Conservativen begraben.

Und nun, Herr Graf! Nun handelt es sich nur darum, ob Trajan oder Diocletian ein besserer Lehrer sei. Um die Freiheit als solche, und wäre es auch nur die Bettelfreiheit, handelt es sich nicht mehr. Graf Arnim streitet sich mit dem Kanzler über die Waffen, mit denen man die Freiheit zermalmt, — sonst über Nichts.

Ueber Nichts? Doch! Ew. Excellenz haben den Ehrgeiz, dem Kanzler auch eine moralische Vorlesung zu halten und ihn daran zu erinnern, dass Staatsmänner sich niemals scheuen dürfen, die ihnen zugeschriebenen Principien zu bekennen.

Und welche Principien? Meine Feder sträubt sich, zu schreiben, was Ihr Setzer auf S. 28 des Quid faciamus nos gesetzt hat. Aber ich überwinde den Ekel und constatire mit Ew. Excellenz ebenso klaren als gewählten Worten:

»Dass das Eigenthum vor dem Willen der Landesregierung und der Volksvertretung in keiner Weise sicher ist, wie wir selbst erlebt haben.«

»Dass Gewalt vor Recht geht, und der Fürst Bismarck sich ruhig gefallen lassen kann, dass ihm dieses Wort in den Mund gelegt wurde, da es einfach eine historische, gar nicht zu leugnende Wahrheit constatirt.«

»Dass der Zweck die Mittel heiligt — wie unter anderem die parlamentarische Geschichte unseres Vaterlandes schlagend bewiesen hat.«

»Ich bitte um Entschuldigung für diese kleine Abschweifung, welche nicht zur Sache gehörte«, so schliessen Ew. Excellenz das moralische Privatissimum, welches Sie mit blinzelnden Augen und verständnissvollem Flüstern dem durchlauchtigsten Fürsten Reichskanzler halten. Meines Erachtens ist die Entschuldigung sehr überflüssig. Die Gedanken, die Sie hier verrathen, gehören nicht bloss zur Sache, sie sind die Mitte der ganzen Sache, und die Welt muss Ew. Excellenz dankbar sein, dass Sie den Muth hatten, sie voll und ganz herauszusagen.

Welchen Eindruck Ew. Excellenz Moral-Philosophie in conservativen Kreisen macht, weiss ich nicht. Man hat dort für Moral und Philosophie das Verständniss in einer mir sehr auffallenden Weise, hoffentlich nur vorübergehend, verloren. Dass sie aber bei den Liberalen aller Stufen nicht geringe Befriedigung hervorrufen wird, zweifle ich nicht. Noch viel weniger täusche ich mich über den Eindruck, welchen dieselbe auf die Socialdemokratie machen muss. Schöner, klarer, frischer sind die Principien der socialdemokratischen Revolution weder von Most noch von irgend einem Anderen dieser Philosophen ausgesprochen worden.

Graf Arnim als Lehrer der Socialdemokratie!
Die Attitude ist seltsam, doch nicht ganz ohne Analogie.
Auch die Revolution des verflossenen Jahrhunderts war in
den Salons des bourbonischen Königthums gelehrt worden,
ehe sie in den Strassen von Paris geübt wurde. Wie es
scheint, haben Ew. Excellenz die französische Geschichte
sehr sorgfältig studirt.

Die Socialdemokratie stürzt einen der Grundpfeiler der
menschlichen Gesellschaft um, wenn sie der Regierung und
der Volksvertretung die Befugniss zuerkennt, das Privat-
Eigenthum anzutasten; sie macht sich eines fluchwürdigen
Verbrechens schuldig, wenn sie die bestehenden Rechtsver-
hältnisse mit Gewalt umstossen will; sie versündiget sich an
der Majestät Gottes, wenn sie mit Meuchelmord das Wohl
der Gesellschaft zu fördern meint.

Das Alles aber ist ja grundsätzlich ausgesprochen in
den eben erwähnten Worten, welche Ew. Excellenz mit der
Ihnen eigenen philosophischen Schreibart hingeworfen haben.
Und der Eindruck, welchen sie auf den einfachen, in diplo-
matischen Künsten nicht erfahrenen Mann machen müssen,
ist um so verführerischer, da Ew. Excellenz dieselben nicht
bloss als Ihre persönliche Ueberzeugung bekennen und den
Reichskanzler einladen, ein Gleiches zu thun, sondern sogar
die thatsächliche Geltung dieser Grundsätze innerhalb unseres Vaterlandes constatiren.

Einer der höchsten Beamten Sr. Majestät des Kaisers
constatirt, dass in Preussen das Eigenthum vor der Regierung
nicht sicher ist, dass in Preussen Gewalt vor Recht geht,
dass in Preussen der Grundsatz gilt: der Zweck heiligt die
Mittel! Er constatirt es nicht bloss als objective Thatsache,

sondern auch als subjective Ueberzeugung! Das ist sehr
bemerkenswerth!

Ich fasse nicht, wie eine solche Offenheit in hohen
aristokratischen Kreisen überhaupt nur möglich ist; und
ich hoffe, dass das Volk sie nicht versteht. Wer aber wollte
den armen Arbeitern verwehren, die Moral anzuwenden, über
welche ein Botschafter mit dem Minister Sr. Majestät des
Königs sich zu verständigen den Anschein gibt?
Wann dieses geschieht, weiss ich nicht. Dass aber Ew.
Excellenz in diesem Falle eine grosse Zukunft haben, das
sehe ich mit Schauder und Erstaunen. Die Laufbahn
grosser Geister ist selten zu berechnen. Sie gleicht nur
zu oft jenen Sternen, welche die ruhige Ordnung unseres
Planetensystemes mit geheimnissvoller Regellosigkeit stören.
Ew. Excellenz zählen meines Erachtens zu dieser Art.

Auf der Stufenreihe diplomatischer Posten hat Graf
Arnim sich zum ersten Rathgeber des Kaisers und des
Papstes erhoben. Er hat Antheil genommen an den zwei
grössten Ereignissen des Jahrhunderts, an der Gründung des
deutschen Reichs und dem öcumenischen Concil. Er ist
heute noch damit beschäftigt, sich als Retter des Vaterlandes
und Restaurator des religiösen Friedens zu produciren.

Plötzlich aber macht Graf Arnim eine graciöse Volte,
um in nicht allzuferner Zukunft in der Residenz des Kaisers
die Menschenrechte des 19. Jahrhunderts als Präsident des
socialdemokratischen Staates zu proclamiren. Bis dorthin
auf Wiedersehen.

Ew. Excellenz

ergebenster

..... Minranov.